Date___/___/___

Date__/__/__

Date___/___/___

Date__/__/__

Date___/___/___

Date___/___/___

Date___/___/___

Date___/___/___

Date___/___/___

Date___/___/___

Date__/__/__

Date___/___/___

Date___/___/___

Date___/___/___

Date___/___/___

Date___/___/___

Date___/___/___

Date___/___/___

Date___/___/___

Date __/__/__

Date___/___/___

Date___/___/___

Date___/___/___

Date___/___/___

Date___/___/___

Date___/___/___

Date___/___/___

Date___/___/___

Date___/___/___

Date___/___/___

Date___/___/___

Date___/___/___

Date___/___/___

Date__/__/__

Date___/___/___

Date___/___/___

Date___/___/___

Date___/___/___

Date___/___/___

Date__/__/__

Date__/__/__

Date___/___/___

Date__/__/__

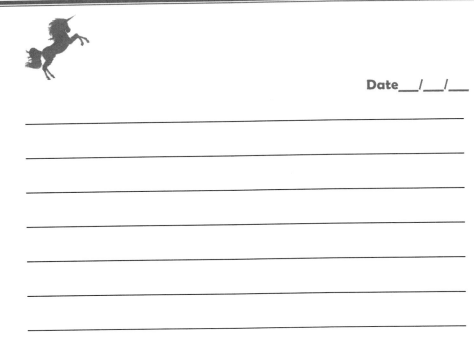

Date__/__/__

Date___/___/___

Date__/__/__

Date__/__/__

Date__/__/__

Date___/___/___

Date__/__/__

Date___/___/___

Date___/___/___

Date___/___/___

Date__/__/__

Date___/___/___

Date___/___/___

Date___/___/___

Date___/___/___

Date___/___/___

Date___/___/___

Date__/__/__

Date___/___/___

Date___/___/___

Date___/___/___

Date___/___/___

Date__/__/__

Date__/__/__

Date___/___/___

Printed in Great
Britain
by Amazon